Ahorcados de tinta
María Dayana Fraile

Ahorcados de tinta
María Dayana Fraile

Título original: *Ahorcados de tinta*
© María Dayana Fraile, 2018
© Primera edición, CAAW Ediciones, 2019
caawincmiami@gmail.com

ISBN: 978-1-946762-12-2

Diseño de cubierta: © Faride Mereb
Edición: Yovana Martínez

Este título pertenece al Catálogo Yulunkela de CAAW Ediciones.
CAAW Ediciones es la división editorial de Cuban Artists Around the World, INC.

Todos los derechos reservados. Esta publicación no puede ser reproducida, ni en todo ni en parte, ni registrada en, o transmitida por, un sistema de recuperación de información, en ninguna forma ni por ningún medio, sea mecánico, fotoquímico, electrónico, magnético, electróptico, por fotocopia o cualquier otra, sin el permiso previo por escrito de CAAW Ediciones.

Para Guillermo Parra, musa;
y para Abigail Wyne, mecenas,
cuya generosidad agradeceré eternamente.

And the sound is the sound of the sea
T.S. Eliot

Ahorcados de tinta o la escritura oracular

Si tuviera que escoger un adjetivo, uno solo, para definir *Ahorcados de tinta*, ese sería: inquietante. Un libro —un poco a la manera de Lovecraft—, con un tiempo anterior al tiempo: imágenes arquetipales y, al mismo tiempo, profundamente propias. Oscuros absurdos, hermosos amuletos que conviven, dialogan, se sostienen. Su voz, me atrevo a decirlo, es una de las más poderosas de su generación.

Escrito con un ritmo que, muchas veces, remite a los poetas de la Generación Beat (*jazz*, épica oral) y otras tantas al simbolismo existencialista de José Antonio Ramos Sucre (¿cómo no reconocerlo en ese *cielo de esmalte?*) este libro es una colección de fantasmagorías, memorias, delirios. No hay presencias amigables sino *ciudades de puentes suicidas y trenes en suspenso*, animales para ser cazados, un mar muchas veces inhóspito. Como las pinturas de Giorgio de Chirico, los universos construidos por Maria Dayana Fraile recontextualizan la cotidianidad y la fragmentan; la sitúan en un espacio donde el misterio no reside en lo oculto, sino en el extraño fulgor con que aparecen las cosas. Palimpsesto, la experiencia de vida es aquí huella. Se borra deliberadamente para hacer nacer una escritura oracular, poemas en trance. La poeta, a la vez, pitonisa y escriba: habla y recoge, le da forma a mensajes balbuceantes.

Estos son los versos de quien regresa de la muerte: destellos de luz, voces que llaman desde arriba. Si, como quería Hanni Ossott, la poesía en un *edelweiss* (una muestra de la proeza del alpinista), con *Ahorcados de tinta* Maria Dayana Fraile ha subido y bajado la montaña muchas veces.

Kelly Martínez-Grandal

I

Salimos del estado del venado muerto, el ojo atravesado por astillas de mediodía

salimos con violetas en la boca y piedras en el estómago para soportar el peso del aire

cruzado por la complicada respiración del cielo

Salimos forrados en papel de aluminio de la marca aquella que siempre se desbarata entre las manos — cuando coloqué el recorte sobre la bandeja, algunas chispas del papel aparecieron flotando en la penumbra del asiento trasero.

Salimos del estado del venado sacrificado

salimos de la ciudad de la autopista de cinco horas

salimos de los pedazos de carne de venado de los pedazos de carne de mapache de los pedazos de carne de liebre

mutilada

esparcida

la piel corroída por el asfalto

y la química de un infierno de pinos

el estado de Sheetz

de pan con capicolla envuelto en plástico

de ensalada de papa en contenedores desechables

de la nieve sucia

y el agua con corola de cenizas.

Salimos del estado de los pinos de cuatro lados

pinos de cuatro lados

como aquel origami que hacíamos cuando estábamos en el colegio

el que abríamos y cerrábamos

uno, dos, tres, cuatro

ese con puntos de colores que se abrían con el movimiento de las manos

No puedo recordar las instrucciones del juego

tampoco recuerdo lo que significaban los puntos.

La sección para publicar nuestras traducciones era un proyecto infinito, magnánimo, crepuscular, mientras que la ciudad de las naranjas dulces como el oro, *oh sweet Florida*, era nuestro proyecto finito. Se terminaba en donde empezaba, el pueblo del arroyo claro y la arena gris. Pesadillas de correctores gráficos sitian mis descansos. Pesadillas de corrector automático. Todo ha empezado a desvanecerse. Y no sabemos hacia dónde se dirige el lápiz del terror. Borrones y líneas tachadas. Montañas de corrector líquido. Palabras ahogadas.
Soy una dictadora interestelar.

II

Patibulario, patíbulo.

El bosque oscurece en mis manos como un juego de sombras y conceptos. Serpiente renacida en una carretera interestelar

con estrellas de crema batida y gritos quebrados y puré de batata resplandeciente.

Como pronunciar Polaris y recorrer 434 años luz de distancia mientras escarbas en el jardín.

Érase una vez una velocidad de astronómicas distancias que arrancaba la piel de la memoria o una insolación de arena y conchas de mar o un diálogo entre espíritus atemporales.

La navegación celestial es sencilla si usas una máscara de venado —lo escribiste en las pirámides solares y te programabas en recuerdos nocturnos y tragedias oníricas de sombreros de fieltro.

La historia y esa seducción melancólica regida por las cenizas, el tiempo como relicario de la pura subjetividad perceptual o las ventanas de un *bungalow* en Florida.

También, lo notaste en la televisión, notaste la pista de aterrizaje y las líneas misteriosas. Las líneas misteriosas la visión quebrada que te guarda.

Estoy rodeada de pinos uniformes, todos con tres almas.

Paniqueo.

Yo no tengo tres estómagos. Tengo cinco para rumiar las horas en una habitación traspasada por el murmullo plástico de las persianas.

Mi mirada se estrella

contra

la sombra

de los pinos.

Salimos de la ciudad de puentes suicidas y trenes en suspenso.

III

En el jardín del bombillo roto, el jardín con palabras sin raíces, tenemos nubes inanes, clavadas en una brocheta de metal, algodones de frente desvanecida

renacen en una lámpara de papel

en una mampara para ocultar la rotura del bombillo en el jardín del bombillo roto, para ocultar las escaras del vidrio

el corte en la mano sangrante.

No entiendo el *charm* de lo militar, no entiendo sus expresiones, herramientas, movilidad y accesorios. Solo sospecho un destino entreverado con planos referenciales que se solapan, plátanos congelados y cerveza negra

como si los opuestos pudieran fundirse sobre un mantel de plástico

y, en medio de la noche, originar un resplandor gramatical.

Neutro roto.

Puedes contemplar tu nombre grabado en el lado oscuro de estos bombillos fluorescentes. Las luces de la razón disipan las tinieblas. Lo escribieron en el siglo XVIII mientras dormíamos. Enciclopedia de las luces. Marcas. Antiguo régimen de revelaciones, el panteísmo, la tierra mojada y los *cassettes*. ¿Recuerdas los *cassettes*? Esas cajas de plástico y las cintas girando, el acabado sintético de las voces y la grabación de una grabación. Esas canciones tangenciales afirmaban el lado más bucólico del suspenso. Suspenso de lo que está por venir

suspenso de pendientes

y colgantes

de colgados

de ahorcados de tinta.

IV

Recorrió su frente como un lápiz de punta afilada
dibujó un ciervo
en claroscuro
dibujó
una
liebre sin hocico
dibujó
un sofá en el que podía dormir después de la fiesta
dibujó
un
ciervo
sangrante
rojo
en la carretera

V

Nieve y ceniza y *pierogies*

Salimos de la ciudad en la cual fuiste la imagen de una santa puesta

en una catedral

el *Apocalipsis* expone el plan maestro de Dios para la historia

¿Acaso no es cómico que el fin del mundo solo pueda representarse en el análisis de la historia real del planeta?

réplicas de diosas lunares sostienen desde ahora ese cielo

el cielo de la historia. Cielo de porcelana o de esmalte. Cielo que cubre y sostiene.

el cuello azul y el cuello blanco de la ciudad

se ahogan en corrientes de agua helada.

La ciudad de mejillas congeladas y manos temblorosas

representa el baile de las estaciones en las vidrieras de jengibre.

Soy Dios.

O una dictadora interestelar.

¿Es esto el *Apocalipsis*?

VI

Torre de seguridad babeliana

elipsis de sentido / sistema solar espiritual

leo toda una metafísica de los cuerpos celestes en esta sala abarrotada de pacientes que juegan Pictionary.

La enfermera dibuja una *zebra*

risas cáusticas

la tiza dibuja el espacio de las soledades, el tiempo abraza la naturaleza de esta actividad recreativa: equilibrar los cuerpos en el mal y en las nervaduras del cielo

o un atajo hacia la cerveza en la despensa de un apartamento de esquinas ilegibles.

Recuerdo una pared azul, una computadora y una llave retenida en la sala de artículos personales. Después del tradicional *striptease* encontrarás una cuadra de fallas renales y, en una esquina, tres intervenciones quirúrgicas de artificios difíciles y parrafadas a domicilio, probablemente, una técnica para hallar tu rostro en los sellos postales. Venopunción de sobres amarillos.

En un país no muy lejano

cualquiera ofrecería su reloj a cambio de una muesca de jabón.

Cuando es mi turno

dibujo una playa

la calidad del trazado es lamentable

apenas alcanzo a esbozar un sol, el mar, y una breve fracción de arena.

Todos adivinan de inmediato y lamento no tener oportunidad de dibujar

una sombrilla

Asuntos de la inmaterialidad metaindustrial, el sobreprecio en las maletas, las chayotas cristalinas en los bolsillos. Están prohibidas las llamadas a otro estado. Paraestado. Gelatina —empezó a gritar la enfermera. Cruzó su remolino de cabello con un lapicero.

Y ahora el cuido

el cuido que desprotege

el cuido que persigue con el látigo

el cuido que agita las manos

y rompe

el día

el cuido de las pastillas que enferman

el cuido de los doctores que golpean con un rolo

el cuido.

Un amigo renació cuando fue sepultado bajo la nieve

examinado por la beatitud de los meteoros, el terror y el tedio de liberarse de la memoria. El silencio de los edificios de líneas modernistas, de las fotos digitales, de todos esos píxeles + la exacta definición de los errores en tu perfil.

Los correos electrónicos que son borrados para siempre representan un verdadero suicidio estético,

la visión beatífica de las diosas es la visión de la muerte

las ideas pesan mucho, eso es lo que pasa

una *zebra* es una mueca con un sentido sardónico de las estepas.

Pedazo de tiza

nostalgia de borraduras.

VII

y el fuego imita una imprenta de tipos móviles. Tatuajes de quemaduras tristes, accidentales, circunstanciales. Crema de almendras y vitamina E en un cajón de la nevera. Marcas en la memoria de nubes grises, cuadras enteras de paisajes marinos, impresiones y soles nacientes. La opción de retroceso es un cadáver exquisito; solo mueves la palanca de cambios y las líneas del rayado hacen su parte. Cadáver de movimientos que se ensamblan en mi cabeza

(Y entonces una esquina del movimiento salió mal. —Pisa el freno).

El estado del amanecer es este permiso para conducir renovado, una tarjeta plástica con fondo dorado y palmeras. Con ella ordeno marcas en la naturaleza sensible, y en la abstracta, marcas adscritas a los dominios de la reflexión empírica, marcas que renacen en granos de arena y en frutas luminosas: podríamos pensar, por ejemplo, en un mango

renacer en un mango

nervoso, arquetipal, sesudo. Renacer en un grano de arroz —mira—

un bote carcomido por la sal

el pulso de la arena infiltrándose en el aire, la hora de la merienda, el pulso dorado de la arena infiltrándose.

Ese día quería comprar un malecón de 20 metros cuadrados, sentarme allí a leer los periódicos, ponerme en abismo porque padezco de estrés post-karmático: la policía del karma me sigue

son meramente enunciados y recuerdos. El otro día mandaron un mensajero. Carroza solar esta taza de café.

VIII

Algunos tuvieron un susto de muerte. Suspenso rosa.

Floto en la playa mientras pienso que «Mariana» es el punto de mayor profundidad en el océano. Suspenso. Esto es una ciudad de videos y no una de discos quemados. No en vano Tampa, por un tiempo, fue la capital del *death metal* y la comida cubana. *Intercambiamos signos toda la noche*. Nadie lo había hecho tan horrible en la historia de las lámparas de techo. Era una forma de hieros gamos un matrimonio sagrado con un bombillo roto

los antiguos habitantes de mi país usaban guayucos, tiras de tela que oprimían la carne y que, al tensarse, generaban rollos en la piel. Por eso es una novedad comprar en Brooklyn (salvo por el control de cambio de la moneda nacional). La estética de la colonia consistía en tirarse sobre una cesta de ropa limpia, no obstante, los indios reelaboraban la moda europea con sus tinturas naturales, llevaban las líneas de un saco pintado sobre el pecho durante un desfile solar. Terapia correctiva. Regeneración con remotos y únicos paralelismos.

Camino de imperfección, el hombre dormido en el estómago de la ballena. Corsario solar

esqueleto de luz

destellos de vértebras modernistas esta hamaca en el jardín.

La historia es el *despliegue* de la temporalidad de la idea. El pliegue de la memoria corriéndose sobre todas esas palabras.

relicario conceptual

o ritual de sílabas quebradas.

Para ser un chamán tienes que morir primero, tienes que hacer un sacrificio. Vestirte de algodón. Perder una parte del cuerpo para recuperar la memoria. *Disco duro del alma del mundo.*

Comprar varias prescripciones de ansiolíticos y quesos de triple crema.

Luego, tienes que regresar de la muerte. Es una tarea difícil, son demasiados pasos, es lo que explican los antropólogos.

Puedes perderte. Caminas entre las nubes y eres un *collage* de enunciados, figuras, recuerdos o una línea del recuerdo que se perfiló en un rastro genético. Bruma. A veces fuiste una cosa puesta a la orilla de la playa, un *souvenir*, y hasta una estatua para tomarse una foto.

Un fondo de otra cosa

no sabías de qué.

Los turistas tampoco lo sabían

solo caminaban a tu alrededor

como perdidos.

Tal vez eras el pirata gigante del Paseo Colón,

un pirata de cerámica que tenía amarrada a la cabeza una pañoleta roja con lunares blancos. Una estatua pintoresca que recordaba a calamares fritos y hasta un *souvenir* corriente de ningún país.

Un raspado de hielo seco

o todo ese dolor del granizo

un no lugar

en realidad —te lo tengo que decir finalmente—

te parecías más a las muñecas colgadas en los árboles de las diosas lunares. Pero tú estabas en Puerto la Cruz y solo tenían hilos de plástico

esos hilos que son para pescar, nada extravagante como pinos o cordones de cortinas de telas costosas o hasta una cuerda corriente.

Una bolsa de plástico negro.

Cuando no hay bosques se procesa otra clase de economía simbólica

la sombra

creadora

ha terminado diseñando para mí

un corset espiritual

decadente, me encanta la palabra decadente,

a veces solo a veces

conservas una foto, sostienes una chaqueta blanca no sabes porqué

hace tanto calor.

Tienes alrededor de cinco años.

La bahía dibuja buques petroleros y gaviotas sucias.

Se trata de una foto familiar

la familiaridad de la arena enceguece.

IX

La teología del arte de limpiar y ordenar reza que el infierno se parece al océano

fenómeno óptico

o demonio.

Fata Morgana

bahía de espejismos

castillos de hadas iluminados con bombillos rotos y máscaras de buzos.

Ahora camino en la profundidad de un pueblo de ciencia ficción

las carreteras de chicle seducen a las mujeres hasta abducirlas.

¿Miedo y temblor en Florida?

Solo eso.

El país abruma y el proceso debe ser rápido y pasional. No debes dejar llevarte por la nostalgia (lleva siempre una mirada de ciruela).

Hybris de pared completa

madera blanca

o algo que crezca como un edificio de veinte pisos.

A la distancia Venezuela parece una paleta *pop* y

un largo

mural de estampitas de santos.

Allí fuiste curadora de retratos de cámara web

el propósito del estudio era ayudar a los investigadores a examinar cómo las experiencias tendían a cambiar los patrones de ansiedad en el cerebro. Eras elegible si tenías entre 21 y 35 años.

X

No debes rehuir al infierno

sino

acostumbrarte.

Era lo que pensaba un indígena cumanagoto,

los sacerdotes, mirones, incluyeron su testimonio en una relación.

Tenías una cita con el programador de la galaxia

y te quemaste.

Y así te quemaste, como un payaso

con la nariz quemada, te quemaste

como la mujer aquella que metió la cabeza en el horno y se quemó.

XI

Pesadillas de correctores gráficos sitiaban sus orillas. Pesadillas de corrector automático. Era como si todo empezara a escribirse con errores.

XII

Escucha, Maria:

Puedes entender la palabra dimensión cuando vas a la playa y excavas agujeros para la arbitraria penetración del sentido.

Puedes recortar el mar cuando extiendes tus manos, imitando un par de tijeras. Mesetas inmóviles compuestas de doctrinas físicas y palas de plástico naranja —para remover las hipótesis.

Experiencias perforadas por una percepción estéril del tiempo.

Puedo inventar una política de restos de carbón, como sacrificio ofrecería hogueras rasgadas por la corriente y tenazas de cangrejos. Puedo sacarme la ropa y correr hasta morir de tiempo. Puedo correr hasta que la policía del karma me queme.

Y después resultó que tantas distancias eran principios energéticos, eso era lo que planteaban los críticos.

Iluminismo de orilla.

Bifronte.

Doble.

Magenta.

Puedes entender la palabra plano si piensas en la figura de un cadáver exquisito. Completar el cuerpo con matices y metáforas. Materia muerta.

La escritura sirve para retener el tiempo, para guardarlo e, incluso, esconderlo. Lo escondo en esta calle de modismos basura y pienso que puedo jugar a cualquier cosa, puedo, incluso, encender la realidad y convertirla en un recuerdo.

XIII

Tienes una letra

me refiero a esos diálogos quebrados, los que requieren cuido, esos en los que eres un pilar de la galaxia, pueden ser la consecuencia de una deriva de la personalidad; cuando pelas las naranjas sin quiebres, si usas el cuchillo con precisión, notas que los cuerpos celestes son eternos e inmutables. El argumento de la autoridad posee su centro de gravedad en sí mismo, si logras que la gruesa piel permanezca entera, combada como una serpentina, si logras una línea, no una línea sino más bien una costra helada, si logras eclipses y que la gruesa piel permanezca entera, entonces puedes adivinar, eres un hierofante.

«Eso lo hacían en el campo, a principios del siglo pasado».

¿Has tenido alguna vez la persistente sensación de que todos muerden tu nombre?

Toma la cáscara

si tomas la cáscara tendrás una letra que descifrar, ahora sabes que la necesidad solo era una compulsión, una tortura materializada por una forma de inteligencia superior. *El desequilibrio entre los cuerpos materiales*. Una teleserie con guiones de pirámides caníbales y leviatanes de algas. Solo por las frutas que se comen en distintas ciudades del mundo se pueden llegar a desarrollar distintas estéticas. Planteaste el ejercicio de comer una fruta por cada ciudad diferente. Creaste una estética cimentada en las frutas, en sus texturas y colores cuando protagonizaste tu suicidio ritual

cuando mirabas capítulos viejos de *Miami Vice* como un doble de

—el electrocutado. Eran granadas rojas y tú eras el doble del doble.

Se retiró de la escritura porque las palabras spinozismo y spinozista se convirtieron en insultos, a veces en amenazas. Los críticos del filósofo que no resultaban demasiado duros eran denunciados, las hordas teóricas querían llegar a las cataratas del Niágara a destiempo, no fueron el día preciso como en los poemas modernistas latinoamericanos, tomaron un atajo y quisieron ir cuando no tenía ningún sentido ir

cuando solo tenía sentido morirse. Y no hicieron más que mirar un punto fijo en la pared

pasaron la página. No pelaron naranjas

y tan hermoso que resultó después el amarillo en las novelas románticas.

XIV

La vida del hombre recuerda a una Y

cuando llegas al extremo en el que la letra se abre

cuando ves una borrasca de experiencias sin fondo o el fondo de la borrasca sin experiencias

o el mar

renaces

porque en astrofísica la medida de masa por luminosidad se denomina Ypsilon.

Los autores antiguos decían tantas cosas, decían tantas cosas tan interesantes. No te imaginas todo lo que decían (lo luminoso de tus mejillas enmarcadas en el tiempo).

XV

Gato

y el ordenador de esta galaxia se refiere siempre a mí con palabras obscenas. Ayer mismo le preguntaba si su constitución era de diosa o de monstruo interestelar. Me miraba desde la pared
desde el afiche
exactamente eso es la cultura impresa,
un recuerdo de hace siglos pegado en la pared.
He estado pensando en Ifigenia,
en la carta de navegación del venado.
Hay todo un bosque de por medio e imágenes translúcidas. Una corte y ocho empleados para servir el banquete. Colocar una piel de venado en el depositorio del sacrificio, dos puntos y sustitución de utilería del espíritu un corazón de ciervo a cambio de un corazón humano. Tantos cartílagos, cortes imagínicos. Naves.
Por cierta oscura relación, un filósofo danés
reflexiona sobre la relación filial. Abraham debe materializar el asesinato de su hijo. El hijo de la promesa.
El drama se afinca sutilmente en la idea asombrosa de luchar contra Dios.
Ifigenia es griega y Agamenón no termina de sacrificarla son aventureros, los vestidos vienen directamente del probador y la tempestad es lo divino, no tienen narices

de halcones y nombres de plumas como Johannes de Silentio.

En ese rincón del mundo el hijo sacrificado o la hija con el cuello de cisne son contenido clase A en materia de dibujos animados. El cisne blanco no es un sublime objeto inalcanzable. Es un sacrificio con pies también y resulta ridículo en el teatro de la crema batida,
enrollado en una pequeña caja de cartón,
con los bordes salpicados de chocolate,
una pequeña caja tirada en el paseo de los veleros.

La madre de Hans Christian Andersen fue enviada a la cárcel durante una semana por permanecer soltera y engendrar tres hijos no reconocidos por sus padres.

Los familiares de Gregorio Samsa aventaron una manzana contra su torso
cuando notaron que se incrustó en su cuerpo de insecto, la dejaron pudrir por siempre.

Es la receta de pastel de manzana de Praga.

No tienen plátanos dulces y la profundidad de ese argumento podría aparecer en el horizonte rajándolo todo como el filo de un cuchillo. Rompiendo el fondo de la realidad cotidiana y las ventanas de Santa Mónica y entonces no aparecería Caracas moviéndose en una variación de árboles verdes.

El tropo universal del hijo podrido como un cucurucho de pastelería.

Había pasado tanto tiempo y no había pensado en esto. Desde mi abuela, sentada ante el mantel blanco, recomendándome que debía comer *pickles*. Una señora viejísima escuchando el canto de los pájaros, sus trinos. Pronunciando el nombre inédito de los pájaros. Pegada a la ventana. *Sweater* deportivo y pastillas multicolores.

Luego, comí lechuga durante mucho tiempo, fue una idea terrible. Ella no comía lechuga nunca.
Estaba confundida.

Todo lo que nos rodea son atributos de Dios.

Dios es un risk manager, buscamos un risk manager.

Piensa en matemáticas. Ojo de polilla, mariposa de calavera. Sabuesos marrones con becas de entrenamiento:
—Patrocino las salidas del sabueso de la jaula.
Dos veces al día.
A las cuatro lo saca su dueña. Un perro requiere de metodología
es importante establecer la utopía del orden, o una idea robada. La personalidad de Jack se ha atemperado. Permanece en posición de descanso. Se sienta y contempla las paredes, rosca oscura. Dos veces cada día intento reconducirlo a la jaula. Me odia e intenta evadir el momento siempre que puede. Ayer toqué una canción con el móvil del patio, el de las flautas de metal, y entró a la jaula voluntariamente. Rosca y sonido del viento.
Bolsas de bocadillos de tocineta para cachorros esparcidos por los mesones de la cocina. Huesos de juguete. Peluches que emiten pitidos cuando los pisas o estrujas esas poéticas del plástico cuando los almohadones adquieren las formas de las ovejas.

Calliphora vicina es la especie de mosca más importante en el campo de la entomología, porque es consistente con el arribo y la colonización del cuerpo después de la muerte.

Azul, gris metálico en el abdomen y el tórax.
Brillantes y naranjas mejillas
la diferencian de *Calliphora vomitoria*.

Debí haber comprado más ropa, le dije a la terapeuta.
Solo pensaba en la biblioteca. Estaba ensimismada.
Y la *paraphilia*
en el diccionario la definen como un intenso atractivo sexual por situaciones, objetos o individuos atípicos. ¿Situaciones como andar bajo la lluvia o ponerte crema en los pies?
Despiertas de la dieta de un milenio.

Tardes en la gótica Florida,
caminar bajo el sol y recordar aquel libro sobre el náufrago, el cuerpo seco del hombre delimitado por todo este musgo español. Cabeza de vaca, un nombre que suena a destrozos, a mordaza salada y al liquen que cae de los árboles. —Contempla sus pensamientos deshidratados y la sal carcomiendo su piel en tonos rosáceos, esa imagen hundiéndose en la arena.
Recuerdo aquel otro libro de piratas y abducciones, el escrito por Sigüenza y Góngora, el que iba de las desventuras de un carpinterito secuestrado por piratas británicos y arrastrado hasta las Filipinas. Picaresca absuelta, un testimonio como parte de una gesta anti-piratas mientras que los intermedios del prólogo describen al estudioso barroco observando un cometa en México.
Transi: efigie del cuerpo en descomposición
o un tropo de la edad media rodeado de insectos que corroen la carne.

El filósofo dijo: no puedo enviarte mi explicación de la palabra romántico porque abarcaría 125 páginas y eso es demasiado.

Todo en mi vida ha sido *transi*.

La bisabuela me heredó sus pupilas de pájaro. Nadie entiende las ciruelas opacas bajo el maquillaje, desaparecen entre la mantequilla prohibida por las ideas de los nutricionistas de las revistas. El queso alto en grasas estaba desterrado de la nevera de mi otra abuela. La sombra de lo que no se hace. El cadáver de la imagen de la imagen. El cadáver de mi abuela ocupando mi sombra, una sombra de espinacas frescas.
El perro brinca a mi alrededor. Sus uñas se deslizan por mi abrigo nuevo
arrancan todos sus hilos. Detesto ver los hilos blancos destruidos. Un gato constituiría una presencia demasiado terminante. No sabía que Dinamarca era una frontera entre Noruega y Alemania. No escuchaba nunca. Imperio de edad media. Escandinavia de bolsillo y vestidos color vino en las fotografías de las mujeres de mi familia. Esto aparece también en el diccionario.

Ahora que lo ha aceptado, quisiera comprar una vaca y ser como ella.

En Massachusetts son comunes los cuadros de ballenas. La abuela de mi esposo pintó uno, se trataba de un paisaje costero
aparecía una ballena casi muerta en la arena

personas con chaquetas impermeables corrían desde la autopista hasta alcanzarla. Yo morí de la risa esa mañana. Es posible que los colores vivos de las chaquetas tuvieran la culpa.

Pastelito, tu figura es la de masas de mantequilla rellenas con crema.

Las mejillas cayendo alrededor de la cara, islotes de brillo cobalto.
Te ha gustado comer siempre la comida de los indios y el arroz de los portugueses
y hasta has masticado la política francesa.
A pesar de eso adoras los piratas,
la idea de los piratas con patas de palo. Prótesis para *cyborgs* pero de madera.
O aparatos correctores con trabillas de cuero para aprender a caminar.

XVI

Escucha, Maria:

Estás en un retiro espiritual.

Aquí tengo la cámara. Eres una mascota interestelar sonríe.

Cabeza esclava. La visión de la muerte solidifica esta realidad no virtual. Imaginación artificial, sonríe.

Respira tramas, hazlo todo naturalmente.

Piensa en matemáticas, has ascendido al siguiente nivel.

Todo esto es un juego. Hécate, repite *bursting with joy,* escucha cómo la bilabial se desintegra en la sibilante.

Te *beloveo.*

XVII

Vamos a adorar a un gato de anime, supliqué esa noche. *Calliphoridae* es una familia de dípteros braquíceros que incluye numerosas especies llamadas comúnmente, en otras denominaciones, y en dependencia de la zona geográfica: moscardones o moscardas de la carne, moscas azules o verdes. Tabula rasa.

Ayer estuve en un campo de golf pero no aprendí a jugar. Entre Pennsylvania y Florida media un mar de continuidades.

Un puente, tres puentes, construidos sobre los ríos o sobre el mar, una carretera de cielo presionando como un borde oscuro. Control remoto. Las mismas palabras, todo el tiempo las mismas palabras, los patrones sentimentales una misión arquetipal.

Se trata de un juego literario si escoges un personaje puedes explayarte en descripciones incómodas.

Conduce con cuidado, gritan todos

sadomasoquismo–de–plantación, cargaban con ellos látigos de papel periódico curado en tinas de agua y pegamento. Laceraban el cielo con sus nombres heráldicos, lechuguinos de faroles subrayado de

sin embargo, ahora no es correcto decir eso ahora todos se excusan cortésmente diciendo, simplemente, que tienen otra condición sociocorporal.

Los átomos son el único objeto para sí mismo.

El tiempo es la forma abstracta de la percepción sensible. Si abres la boca, es posible que se derrame

Guayabas

un tesoro en la alacena de productos latinos, cerca del naufragio de todos los referentes. Canícula solar. Buques en las costas. Los montacargas percudidos por el ácido clima. El

tiempo

estratificando este doblez de lo tropical.

Bottlebee

Calliphora vomitoria

XVIII

Los discursos demasiado nostálgicos tienen que ver, a menudo, con mis recuerdos de la muerte
palabras y cegueras temporales
pensé que moría mientras llamaba a la cuadrilla del aseo urbano, recibí primeros auxilios y recobré el sentido en la cocina de mi suegra. Imperdonable esto de sabotear el domingo de visitas y, como consecuencia lógica, todos quisieron que muriera de una buena vez.
Todos mis recuerdos importantes fueron los de la muerte
las palabras salían de fuentes secundarias.
Lirio de sillas talladas y mesas individuales. Espacios organizados. Recordaría ser una artista de la existencia en caso de gangrena o peste bubónica. Tendría la piel cuarteada por los metales oxidados, curtida como pepinillos secos, velero, lacera, médano de peces, pupilas neblinosas, láudano de bardos, trajes de baño ocultos como amuletos entre la arena.
Lo leíste en el diccionario: Florida:
atributo, adjetivo, sustantivo, también
«que tiene flores», «dicho de una cosa muy escogida», «dicho del lenguaje o del estilo: amena y profusamente exornado de galas retóricas».

Esa vez aprovechamos la espléndida ocasión para fundar un partido político de bodegones rosas,
una naturaleza muerta de papayas,
caña de azúcar
un vapor con frutos terrosos y morenos, surcando, temperaturas marchitas,

reciclaje de temporadas. Nubes de silencios, expresivas exclamaciones, interrogantes matices, miradas secundarias, paisajes dubitativos.
Soles de exasperación.

Ciertamente, cuando pude, me puse a resguardo en una catedral gótica. Era desmesurado, siempre,
de Flandes, un espejismo de tramas antiguas.
Los conceptos tenían formas. Empaques rotos por mi falta de experticia, migas en el suelo,
intenté formular una forma, formular una forma, formular
ninguno de nosotros sabía si debíamos participar en el proyecto modernista de la mantequilla.
Criaron un animal bellísimo, le dieron de comer solo cierto tipo de delicado fruto y luego prepararon un exquisito embutido. Pudieras convertirte en un analista de pastores de ensueño y eso requiere de otro tipo de sensibilidades.

XIX

anémona
compuesta
de
imágenes

me *beloveo* en ti

estoy
Overflowing
 a tu alrededor

hongo atómico
de poetas de mediados del siglo XX
activismo de postguerra
        situacionismo de ilustraciones
la persistencia de las imágenes
entradas de información espontánea
anillos en la madera
mesa servida
manteles a cuadros rojos y blancos
tocinillo del cielo

Bienvenido a mi mundo

teatro del mundo
antiguo retrato del mundo
retablo de autorretratos y máscaras de animales
rey sol

hombre pájaro o lobo
sismos de muerte lenta
ropa interior sagrada para el invierno
colores pasteles para no despertar intrigas entre la muchedumbre

culto de las estaciones
otra vibración   política libidinal
el cuerpo de la nación y perder el tiempo
interesándose en ella
hice un velero con un traje de monja alférez,
diseñé tres clavos y una fábrica de textiles.

Hemos permanecido durante cinco días entrados en el agua hasta la cinta
y como vimos que la sed crecía y el agua nos mataba intentamos sostenernos de galletas de agua que crujían en el clima seco. Salvavidas de caramelo, signos derritiéndose, anémona solar: ayer estuvimos viendo a un hombre que conducía un tractor en la televisión.

biopolítica de la ficción, ser un pato y luego un cisne.

XX

Propósitos de año nuevo:

Encontrar la regeneración.
Tener la habilidad de ver a trasluz.
Imaginarme en una plataforma cinética.
Iluminarme.
(como cuando divagué al ras de esa instalación de Jesús Soto en el Museo de Bellas Artes)
Ese no era mi ideal, pero ahora no importa.
Pudiera ser mi ideal si lo intentara, si le diera suficientes vueltas al asunto.
Ropa interior sagrada.
Es una fantasía genético-plástica ciencia ficción de las sombras en la pared.

Tiene un desbalance de energía y se la pasa ronroneando en su casa. Como un gato sagrado en el templo del faraón.
Sor Juana Queen, Morgana Fairy.
Sentada sobre las imágenes, practicaba *spinning* frente al concilio de poetas.

Recordar: preparar albóndigas y leer biografías de escritores famosos o políticos importantes.
En una sociedad violenta todo es un asunto de energías.
Hermes Trimegisto
Eres una figura arquetipal
Tienes tu discurso gestual y construiste tu propia dictadura histórica

poética de rasgos recompuestos a través de los siglos.
El presidente era dueño de un parque de bustos de bronce.
Penetramos en lo sagrado. El fetiche burlador, burlado. Repúblicas bananeras del mundo unidas, costas pútridas de lanchas y otros barcos a motor. Estatuas de próceres en plazas de merey.
Ayer, biopolítica de la ficción. Las casas de cartón romantizaban un proyecto alfabetizador de letreros rojos. Hoy, cisnes y expediciones, naufragios, calaveras color de rosa. Durante este año nuevo pensaré en Cabeza de Vaca, un conquistador perdido en las islas del destino —hace cinco siglos respiraba algas imprecisas, no hubiesen deseado por nada del mundo acompañarlo. No había tantas casas amarillas ni pelotas de golf abandonadas en los cruces peatonales ni médanos de movimientos hundidos. Ni eran obligadas a dar media vuelta las pelotas sin posibilidad de otros procesos mentales y modelos económicos.
En el centro comercial, por ejemplo, no se auspiciaban funciones de pretzel. No podías meterte sus recovecos en los bolsillos del abrigo.
Florida: «rico, opulento».
esa línea de catástrofes se conecta con otras líneas de progreso. Sé que te agradan las monedas de oro enterradas en el subsuelo y los fantasmas que las resguardan.

Corte de bufones, contigencias. Historia de la percepción y desayuno sobre la hierba
la tripulación en el jardín de un museo lumínico
como el estilo impresionista en la pintura

el cantante de Maracaibo suena en el granero, desde el programa digital de descarga

«cuánto amor, cuánto amor, cuánto amooor...»

La escritura automática de la propiedad privada...

XXI

Lo finito y sus delicias

angustia, veneración y terror.

XXII

Las cifras flotan

sin sentido del decoro. La servilleta de tela, doblada junto al plato, remite a ondas de muselina, días parcos y como forzados por la arritmia del tiempo, impresiones de sobremesa

érase una vez la reina de las nieves, grabado de colores y programación del alma del mundo

«Replicante» es un estereotipo que aún no logro describir en el informe semanal.

Nada de «querido diario», pero mucho de recetario de cocina. Instrumental humano de parafina, quemado en muletillas y tropos delirantes.

¿Me curaré al final?

Como si nada

como si hubiese sido lo dispuesto desde un principio luego de un leve paseo a través de la catástrofe financiera, natural o criminal. Siempre listos.

Todos queremos jugar a la secta satánica.

El conocimiento es lo nuevo, pero es lo básico y la plantilla, también, las palabras derramadas por accidente.
La ulterior medida del alma angélica

la medida del infinito

la del paso del trueque a la invención de la moneda.

El azar y el ojo de la sacrosanta divina providencia: sagrados papeles verdes sin fecha de caducidad. Primavera de papeles manchados, quemados, cercanos al cenicero. Lejos del *syrup* de sacarina. Aunque más cerca que los huevos y el desayuno de revueltos *pancakes*. Primavera de harina y alimentos preservados. La lluvia era tan costosa. Valía la pena sujetarse al imperio o convertirte en colono. La oferta del espacio sublimado era florecer en alcahuetes.

Y ahora el dinero lo es todo, pero aún tu alma podría intercambiarse por algo de historia. Es el juego de los psicopompos porque todos queríamos formar parte de la historia, y esto es la historia, ya no solo los reyes y los directores de estudios cinematógraficos quisieran formar parte de la historia. Algunos suicidas sueñan, incluso, con aparecer en la crónica roja de los principales periódicos de la historia.

Todos son migrantes del jardín del edén. Materialidad exhaustiva y exorbitante. Muecas de flujos migratorios. Pequeños tordos negros. Rocas de camomila. Otra ristra de cenas acostumbrados al pan. Manchas en los guantes del jardinero contratado por orden del supremo monitoreo del espacio cuadrado. Monitoreo del espacio cuadrado. Con una mano en el corazón, la otra mano en el abdomen, llenamos los pulmones de aire. Bocado de realidad. Haría falta una fiesta entre comidas. Me ahogo en milhojas. Grito todas las vocales posibles.

Esta *kore* militar

diafragmas de ceniza y piedra. Era una mujer secuestrada para escribir. Invernadero de ristras de pastillas. Una mujer secuestrada para escribir.

era el país perfecto de los alegres desahuciados.

Esta mujer pasó al menos ocho meses sin tomar el sol.
Maquetas de músculos débiles
aunque sostenidos.
Para la mafia todos morían alegremente,
a veces llegaron hasta fingir la muerte de alguno de tanto no morir. La muerte de corredor o de pequeño jardín. Todos distribuidos en pequeños grupos alrededor de la puerta de la funeraria. Mafia de los vasitos plásticos sostenidos e inmarcesibles.
Sonata de celulares, un grupo, varios
o comité de repiques.

XXIII

Domingo

Tacitus no habla sino de Roma.
La guerra de la mantequilla era una falacia.
Invasión de grumos y grumetes.
Y la casta superior de la secta histórica no aparecía.

en ese entonces no había ocurrido todo esto, todo esto
de muchachos con las manos masticadas por tiburones.
Muchachos masticados en las playas.
Muchachos como troncos de palmeras
masticados
en las palmeras.
En ese entonces no había ocurrido todo esto,
política de días funestos y mal logrados, entre la espalda
y la arena sucia, los derechos de la mantequilla en sus
mesas y ni hablar de los derechos de la mantequilla en
las hogazas de pan de los corrientes.
Cráteres derretidos, remolinos de tibia crema.
Corredores lácteos y fantasías de bacterias y cultivos
sentimos el peso de la historia porque descubrimos que
se trataba de una fantasía.

Entrego mi vida por un pedazo de historia.

Por un pedazo de esquina de diagramas de flujos, la mantequilla como tal desaparecería en aras de la margarina comerciada por los oportunistas.

Los extraterrestres no existirían.
Entre pastilllas, remendando en casa, un envase de *cottage* con mangos y chiles admiraría los derechos de la mantequilla en hogazas de pan. Cráteres en derredor, remolinos de tibia crema. Corredores lácteos de voluntad. Yo pudiera escribir sobre los deberes de la mantequilla, sobre los tratados trasnacionales de la mantequilla. Brumas saladas y banquete disperso. Tratados de los semilleros eternos, el asunto de la mantequilla para los pobres. Los científicos hablaron sobre el desarollo de las margarinas vegetales en oposición al mercado de la mantequilla derivada de lácteos convencionales.
Guerra de mantequilla para los pobres.
Una mujer cisne y todos se mataban alegremente,
era el país perfecto de los alegres desahuciados.
Las mujeres pasan al menos ocho meses sin tomar el sol. Sus cuerpos han empezado a mostrarse débiles, son como garzas.
Son mujeres pájaros. Son colores como de ganchillos para el cabello.
Y tú eres una mujer secuestrada para escribirlo.

XXIV

Horizonte sagrado, el remo que regresa del agua y somete la tripulación a desvaríos.

Una muerte civilizada con apostillas de país tropical. Cimitarras de acero, velas de colores, balancín. El cielo claro en derredor.
Y mi instinto en la sombra indefinida de los mangles.
El mar como borde entre lo inasible entre la arena ardiendo en los puños, y las costuras del traje de baño.
Barcos a motor y tiburones de a penique,
tesoros enterrados en la arena.
Una condición de la estética; el remo que regresa del agua y somete la tripulación a desvaríos.

XXV

dibujaré con lápices especiales y me las daré de cualquier cosa
Calaveras, úteros y clavos de extrema unción. Yo te diría hola, yo te diría
algo, escribiría mil
páginas basura, y luego la irrisoria historia de la escritura de ese algo…
1, 2, 3 karma y pecados veniales, todo se relaciona
un hilo invisible va uniendo las esquinas.
Remata con los hilos de la policía del karma. La policía del karma mueve mi corazón a ritmo de cardio tenis
en medio de la asfixiante mañana sostengo las llaves de un carro, que apenas he aprendido a mover.

XXVI

Los piratas juegan en este golfo
asaltaron los barcos de la armada
y colgaron en sus dormitorios
fotografías de la bahía.
Sus ropajes desbordan los clósets
como espuma de cerveza.
Los piratas ruegan protección
a los vestigios de los naufragios.
Nos frotamos las rodillas con mentol, con la
artrítica habilidad de no llegar a ninguna parte.
Nos sentimos deslumbrados por hundirnos y desaparecer
como una pieza de cerámica antigua,
o alguna moneda de oro.
Imploramos protección a las ruinas porque los piratas ruegan protección
a los vestigios de los naufragios
como si *desaparecer*
fuera una conquista
o una tierna vocación.

XXVII

En Facebook todos exhiben estados de crítica literaria
sesuda.
Todos estaban invitados a leer un modo, metáfora solar, todos estaban invitados

cuidado
con el espejo de la bruja

no todo el mundo puede usarlo.

A veces solo son voces
lo que se escucha.
Un pueblo de fantasmas
en mis puños.
Una larga red de nombres, lanzada desde el escritorio
de mi oficina.
historias con patas de palo y parches en los ojos

hay muchas fotografías, fotografías que cuelgan en los
dormitorios, fotografías de la bahía
de su origen.
Vivo como una extranjera
contando historias sobre el terror y los trópicos.

XXVIII

El terapeuta quiere leer mis poemas
soy materia de espejos una larga red de nombres lanzada desde el escritorio de mi oficina.
Soy la historia del pantano.
A veces temo perderme en las tiendas.
Voy caminando con mi esposo y empiezo a temer perderlo de vista entre tantos productos y vitrinas y olvidos y listas de compras, y empiezo a imaginarme pulverizada en una esquina de la tienda por departamentos, ahogada en el *shopping mall*, entre camisetas de colores y *lycras* para correr. No sé si a todo el mundo le pasa pero, a veces, temo perderme en las tiendas.

XXIX

Florida «land of flowers» es el único estado con clima tropical.
Aquí, Ponce de León buscaba la fuente de la juventud eterna entre chubascos y correspondencia secreta.
Control maestro y variaciones. Soy la historia del pantano.
El historial de frutas y catálogos de la naturaleza. Semillas.
Nubarrones y fango y playas que se exhiben como muñecas colgadas a las diosas lunares.
Soy una mujer en descomposición. La tierra desgajada ha venido a saludarme. Las voces de las sirenas cantan de nuevo y muestran mi cuerpo lleno de defectos. Lleno de imperfecciones. Porque se trataba de una clase de anatomía. Se trataba de dibujar los órganos de manera correcta. Se trataba de dibujar los gusanos tomando posesión del cadáver.

XXX

Se trataba de la belleza y de la planificación geoestratégica del paraíso y el infierno

supongo que este libro trata de cadáveres. El análisis científico de la sociedad, panacea de los últimos tiempos, está incluido en el tomo, desde luego, como cadáver, desde luego. Las teorías de las frutas aún están de moda. Tanto tiempo. El mundo tiene forma de pera, decían las crónicas de Cristóbal Colón, y en la punta de esta pera está situado el paraíso. Descanso feérico: la belleza no es una dictadura, no es lo superfluo, es, en realidad, un punto débil, la necesidad y lo que satisface esta necesidad. La necesidad es el infierno, esto debe recordarse. Sin embargo, puedes comprar un *ticket* para ser recibido en el paraíso cuando la guadaña de la muerte te separe de la tierra. Nuestros antecesores los llamaban bulas.
Puedes, también, comprar una pera y pensar en toda la desigualdad que rige el planeta. Su primer signo macabro es la existencia de la idea del paraíso. El paraíso es un club. No todos pueden vivir en la punta de la pera. Un club es exclusivo o, más simple, excluyente.

XXXI

Mediciones del paisaje
el alma es la única realidad y la clave del universo.

«Ayúdate que Dios te ayudará» se trata del mismísimo orden cósmico
es una frase, dicen los teóricos, que pone en evidencia el «desencantamiento» del mundo
o decir: la supresión de la magia como medio de salvación.

XXXII

Comodín y salvación; el paraíso
para edulcorar la venida de la reina y de los alfiles negros.
Socialdemocracia de nuestros delirios más insalubres;
pensar que todos los venezolanos podríamos alcanzar el
paraíso. Monarquía absolutista de la mirada y el eje nuclear de las gardenias. Considerando el paisaje como un
todo, comodín y salvación. Piedad y voluntad. Recetario
de pistoladas. Nubes de fuegos fatuos. Extremaunción.
Pasatiempo nuclear de los muñones de la tierra, floreciendo, entre hierba mojada y musgo. Una versión del
cordero de la historia. El paraíso es un programa de
vuelo. Un *trip*.
Suspendidos en facturas, piel quemada por el arduo verano, cuencas vacías, sin resplandor, ardemos en el
fuego del infierno de todos los santos o de todos los
mártires. Pero, no obstante, el paraíso, como idea o concepto, fundamental e inalienable, nos pertenece, solo
porque el delirio de *lo exclusivo* nos pertenece.

XXXIII

Confeccioné un collar de pastillas y me lo puse para salir a pasear este verano. Me senté en una silla de extensión para iniciar la lectura de las entrañas de un cordero.

¿Me curaré?
Todos esperamos un milagro.

¿Es que acaso todas estas pastillas sirven para algo?

Los sembradíos de naranjas crecen en las chapas de los carros, moviéndose de lugar. Muescas del verano. Trillados de cielo, vamos avanzando.

Mientras tanto esta bahía tan similar a todas las bahías, este puerto tan similar a los otros puertos.
Hilera de casas de colores
raspados de hielo
trajes de baños ocultos en la arena. Aguas malas arrastradas por las olas.
Hilera de restaurantes con vistas al mar, pescados y mariscos a la mantequilla.
Ciudades réplicas de otras réplicas.
Infinitas marcas; o algo que podríamos llamar casi una dictadura interestelar de la imagen o dominio o reino.

Y el recato de la abundancia:

las pieles podridas de las frutas en bodegones inmarcesibles. Porque en Puerto la Cruz construyeron un paseo de veleros que recordaba a Copenhagen, porque todas las ciudades son una misma y eterna ciudad. Lugares comunes.

Y ahora es el momento de perderse entre lo podrido y una industria en ruinas.
Y gritaste, y gritaste tanto, porque no encontrabas el camino, la política es el deseo de un futuro en común por eso dibujaste un sendero abandonado de mangles y conchas de mar.

Índice

I	13	XXI	62
II	16	XXII	63
III	19	XXIII (*Domingo*)	66
IV	21	XIV	68
V	22	XV	69
VI	24	XVI	70
VII	28	XVII	71
VIII	30	XVIII	72
IX	34	XXIX	73
X	36	XXX	74
XI	37	XXXI	75
XII	38	XXXII	76
XIII	41	XXXIII	77
XIV	43		
XV (*Gato*)	44		
XVI	50		
XVII	51		
XVIII	55		
XIX	57		
XX	59		

María Dayana Fraile (Puerto La Cruz, Venezuela, 1985). Licenciada en Letras por la Universidad Central de Venezuela. Obtuvo una maestría en Hispanic Languages and Literatures, en la Universidad de Pittsburgh. Su primer libro de cuentos, *Granizo* (2011), recibió el Primer Premio de la I Bienal de Literatura Julián Padrón.  Su cuento "Evocación y elogio de Federico Alvarado Muñoz a tres años de su muerte" (2012) recibió el Primer Premio del concurso Policlínica Metropolitana para Jóvenes Autores. Escritos de su autoría han sido incluidos en distintas muestras de narrativa venezolana como, por ejemplo, en la Antología del cuento venezolano de la primera década del siglo XXI, editado por Alfaguara, y el dossier de narradores venezolanos del siglo XXI, editado por Miguel Gomes y Julio Ortega, publicado en INTI (Revista de literatura hispánica). Actualmente reside en los Estados Unidos.

caawincmiami@gmail.com

2019

www.ingramcontent.com/pod-product-compliance
Lightning Source LLC
Chambersburg PA
CBHW020950090426
42736CB00010B/1358